AF188416

Impressum
Verlag: BABADADA GmbH, Nedderfeld 112 , 22529 Hamburg
Geschäftsführer / Verlagsleitung: Harald Hof
Druck: Books on Demand GmbH, In de Tarpen 42, 22848 Norderstedt

Imprint
Publisher: BABADADA GmbH, Nedderfeld 112 , 22529 Hamburg, Germany
Managing Director / Publishing direction: Harald Hof
Print: Books on Demand GmbH, In de Tarpen 42, 22848 Norderstedt

classroom
sala de aulas

divide
dividir

186/2

board
quadro

school yard
pátio da escola

teacher
professor

paper
papel

write
escrever

pen
caneta

desk
escrivaninha

ruler
régua

book
livro

pupil
aluno

satchel

sacola

pencil case

estojo de lápis

pencil

lápis

pencil sharpener

apontador de lápis

rubber

borracha

drawing pad

bloco de desenho

drawing

desenho

paintbrush

pincel

paint box

estojo de tintas

scissors

tesoura

glue

cola

exercise book

livro de exercícios

homework

lição de casa

number

número

add

somar

subtract

subtrair

multiply

multiplicar

calculate

calcular

letter

letra

alphabet

alfabeto

word

palavra

text

texto

read

ler

chalk

giz

lesson

hora

register

registro da classe

examination

exame

certificate

certificado

school uniform

uniforme escolar

education

educação

encyclopedia

enciclopédia

university

universidade

microscope

microscópio

map

mapa

waste-paper basket

cesto de lixo

hotel
hotel

Grand

hostel
albergue

ROOMS

currency exchange office
casa de câmbio

EXCHANGE

car
carro

language

idioma

yes / no

sim / não

Okay

ok

hello

Olá

translator

tradutor

Thank you

obrigado

how much is...?

quanto custa...?

I don´t get it

eu não entendo

problem

problema

Good evening!

boa noite!

Good morning!

Bom dia!

Good night!

Boa noite!

goodbye

até logo

direction

direção

luggage

bagagem

bag

bolsa

backpack

mochila

guest

convidado

room

quarto

sleeping bag

saco de dormir

tent

barraca

tourist information

informação turística

beach

praia

credit card

cartão de crédito

breakfast

café da manhã

lunch

almoço

dinner

jantar

Ticket

bilhete

elevator

elevador

stamp

selo

border

fronteira

customs

alfândega

embassy

embaixada

visa

visto

passport

passaporte

travel - viagem

airplane
avião

ship
navio

fire truck
carro de bombeiros

truck
caminhão

bus
ônibus

motorboat
barco a motor

bike
bicicleta

car
carro

ferry

balsa

boat

barco

motorbike

motocicleta

police car

veículo policial

racing car

carro de corrida

rental car

carro de aluguel

car sharing

compartilhamento de automóvel

tow truck

caminhão de reboque

garbage truck

caminhão de lixo

engine

motor

fuel

combustível

fuel station

posto de gasolina

traffic sign

placa de trânsito

traffic

trânsito

traffic jam

trânsito lento

parking lot

estacionamento

train station

estação de trem

tracks

trilhos

train

trem

tram

bonde

wagon

vagão

helicopter

helicóptero

airport

aeroporto

tower

torre

passenger

passageiro

container

contêiner

carton

cartolina

cart

carroça

basket

cesto

take off / land

decolar / pousar

city

cidade

village

vilarejo

city center

centro da cidade

house

casa

movie theater
cinema

advert
propaganda

street light
iluminação de rua

CINEMA

street
rua

taxi
taxi

snack shop
quiosque

pedestrian
pedestre

sidewalk
calçada

zebra crossing
faixa de pedestres

dumpster
lixeira

crossing
cruzamento

traffic lights
semáforo

hut
cabana

apartment
apartamento

train station
estação de trem

city hall
prefeitura

museum
museu

school
escola

university

universidade

bank

banco

hospital

hospital

hotel

hotel

pharmacy

farmácia

office

escritório

book shop

livraria

shop

loja

flower shop

floricultura

supermarket

supermercado

market

mercado

department store

loja de departamentos

fishmonger's shop

peixaria

mall

centro comercial

harbor

porto

park

parque

bench

banco

bridge

ponte

stairs

escadas

subway

metrô

tunnel

túnel

bus stop

ponto de ônibus

bar

bar

restaurant

restaurante

postbox

caixa de correspondência

street sign

placa de rua

parking meter

parquímetro

zoo

zoológico

swimming pool

piscina

mosque

mesquita

farm

fazenda

pollution

poluição

cemetery

cemitério

church

igreja

playground

parquinho

temple

templo

landscape

paisagem

signpost
placa de sinalização

path
caminho

meadow
gramado

stone
pedra

tree
árvore

hiker
caminhantes

river
rio

grass
grama

flower
flor

valley

vale

hill

montanha

lake

lago

forest

floresta

desert

deserto

volcano

vulcão

castle

castelo

rainbow

arco-íris

mushroom

cogumelo

palm tree

palmeira

mosquito

mosquito

fly

mosca

ant

formiga

bee

abelha

spider

aranha

beetle

besouro

frog

sapo

squirrel

esquilo

hedgehog

ouriço

hare

lebre

owl

coruja

bird

pássaro

swan

cisne

boar

javali

deer

veado

moose

alce

dam

barragem

wind turbine

aerogerador

solar panel

painel solar

climate

clima

waiter
garçom

menu
menu

chair
cadeira

soup
sopa

pizza
pizza

cutlery
talheres

tablecloth
toalha de mesa

starter

entrada

main course

prato principal

dessert

sobremesa

drinks

bebidas

food

comida

bottle

garrafa

fast food
fastfood

street food
comida de rua

teapot
bule de chá

sugar bowl
açucareiro

portion
porção

espresso machine
máquina de expresso

high chair
cadeirão

bill
conta

tray
bandeja

knife
faca

fork
garfo

spoon
colher

teaspoon
colher de chá

serviette
guardanapo

glass
copo

plate

prato

soup plate

prato de sopa

saucer

pires

sauce

molho

salt shaker

saleiro

pepper mill

moedor de pimenta

vinegar

vinagre

oil

óleo

spices

especiarias

ketchup

ketchup

mustard

mostarda

mayonnaise

maionese

special offer
oferta especial

customer
cliente

dairy products
laticínios

FOR

fruit
frutas

shopping cart
carrinho de compras

butcher's shop
açougue

bakery
padaria

weigh
pesar

vegetables
legumes

meat
carne

frozen food
congelados

cold cuts

charcutaria

canned food

conservas

detergent

detergente em pó

candy

doces

household products

artigos domésticos

cleaning products

produtos de limpeza

sales representative

vendedora

cash register

caixa

cashier

caixa

shopping list

lista de compras

opening hours

horário de funcionamento

wallet

carteira

credit card

cartão de crédito

bag

sacola

plastic bag

saco plástico

water

água

juice

suco

milk

leite

coke

coca-cola

wine

vinho

beer

cerveja

alcohol

álcool

cocoa

cacau

tea

chá

coffee

café

espresso

expresso

cappuccino

cappuccino

banana

banana

apple

maçã

orange

laranja

melon

melão

lemon

limão

carrot

cenoura

garlic

alho

bamboo

bambu

onion

cebola

mushroom

cogumelo

nuts

nozes

noodles

macarrão

spaghetti

espaguete

rice

arroz

salad

salada

fries

batatas fritas

fried potatoes

batatas frias

pizza

pizza

hamburger

hambúrger

sandwich

sanduíche

escalope

escalope

ham

presunto

salami

salame

sausage

salsicha

chicken

galinha

roast

assado

fish

peixe

porridge oats

flocos de aveia

muesli

granola

cornflakes

flocos de milho

flour

farinha

croissant

croissant

bread roll

pãozinho

bread

pão

toast

torrada

cookies

biscoitos

butter

manteiga

curd

requeijão

cake

bolo

egg

ovo

fried egg

ovo frito

cheese

queijo

ice cream

sorvete

sugar

açúcar

honey

mel

jelly

geleia

nougat cream

creme de avelãs

curry

curry

goat	cow	calf
cabra	vaca	bezerro

pig	piglet	bull
porco	leitão	touro

farm - fazenda

goose

ganso

duck

pato

chick

pintinho

hen

galinha

cockerel

galo

rat

ratazana

cat

gato

mouse

camundongo

ox

boi

dog

cachorro

dog house

casinha do cachorro

garden hose

mangueira de jardim

watering can

regador

scythe

foice

plow

arado

sickle

foice

hoe

enxada

pitchfork

forquilha

axe

machado

pushcart

carrinho de mão

trough

manjedoura

milk can

jarra de leite

sack

saco

fence

cerca

stable

estábulo

greenhouse

estufa

soil

solo

seed

semente

fertilizer

fertilizante

combine harvester

colheitadeira

harvest

colher

harvest

colheita

yams

inhame

wheat

trigo

soya

soja

potato

batata

corn

milho

rapeseed

colza

fruit tree

árvore frutífera

manioc

mandioca

grain

cereais

living room

sala de estar

bathroom

banheiro

kitchen

cozinha

bedroom

quarto de dormir

kids room

quarto de criança

dining room

sala de jantar

floor

chão

wall

parede

ceiling

teto

cellar

porão

sauna

sauna

balcony

varanda

terrace

terraço

pool

piscina

lawn mower

cortador de grama

sheet

lençol

bedspread

coberta

bed

cama

broom

vassoura

bucket

balde

switch

interruptor

carpet

tapete

drape

cortina

table

mesa

chair

cadeira

rocking chair

cadeira de balanço

armchair

poltrona

book
livro

blanket
cobertor

decoration
decoração

firewood
lenha

film
filme

stereo system
equipamento de som

key
chave

newspaper
jornal

painting
pintura

poster
pôster

radio
rádio

notebook
bloco de notas

vacuum cleaner
aspirador

cactus
cacto

candle
vela

fridge
geladeira

microwave oven
microondas

kitchen scales
balança de cozinha

toaster
tostadeira

laundry detergent
detergente

freezer
freezer

stove
forno

dishwasher
lava-louças

cooker

fogão

pot

panela

cast-iron pot

panela de ferro

wok / kadai

wok / kadai

pan

frigideira

kettle

chaleira

steamer

panela a vapor

baking tray

tabuleiro de forno

crockery

louça

mug

caneca

bowl

caçarola

chopsticks

hashi

ladle

concha de sopa

spatula

espátula

whisk

batedor

strainer

escorredor

sieve

peneira

grater

ralador

mortar

almofariz

barbecue

churrasqueira

fireplace

lareira

chopping board

tábua de cortar

rolling pin

rolo da massa

corkscrew

saca-rolhas

can

lata

can opener

abridor de latas

oven cloth

pegador de panela

sink

pia

brush

escova

sponge

esponja

blender

liquidificador

deep freezer

congelador

baby bottle

mamadeira

tap

torneira

heating
aquecimento

shower
ducha

towel
toalha

shower curtain
cortina de chuveiro

bubble bath
banho de espuma

bathtub
banheira

glass
copo

washing machine
lava-roupa

tiles
azulejos

tap
torneira

potty
penico

sink
pia

toilet

vaso sanitário

squat toilet

lavabo de agachar

bidet

bidê

urinal

mictório

toilet paper

papel higiênico

toilet brush

escova de privada

toothbrush

escova de dentes

toothpaste

pasta de dentes

dental floss

fio dental

wash

lavar

hand shower

ducha de mão

douche

ducha íntima

basin

bacia

back brush

escova para as costas

soap

sabonete

shower gel

gel de banho

shampoo

xampu

flannel

toalha de rosto

drain

escoamento

creme

creme

deodorant

desodorante

bathroom - banheiro

mirror

espelho

hand mirror

espelho de mão

razor

barbeador

shaving foam

espuma de barbear

aftershave

loção pós-barba

comb

pente

brush

escova

hair-dryer

secador de cabelo

hairspray

spray de cabelo

makeup

maquiagem

lipstick

batom

nail varnish

esmalte de unhas

cotton wool

algodão

nail scissors

tesoura para unhas

perfume

perfume

washbag

nécessaire

stool

banquinho

weighing scales

balança

bathrobe

roupão de banho

rubber gloves

luvas de borracha

tampon

absorvente interno

sanitary towel

absorvente íntimo

chemical toilet

banheiro químico

alarm clock
despertador

cuddly toy
boneco de pelúcia

toy car
carrinho de brinquedo

rattle
chacoalho

doll's house
casa de bonecas

present
presente

balloon

balão

bed

cama

stroller

carrinho de bebê

deck of cards

jogo de cartas

jigsaw

quebra-cabeças

comic

revista de quadrinhos

lego bricks
peças de Lego

toy blocks
blocos de construção

action figure
figura de ação

romper suit
macaquinho de bebê

frisbee
frisbee

mobile
móbile para bebé

board game
jogo de tabuleiro

dice
dados

model train set
trenzinho elétrico

pacifier
chupeta

party
festa

picture book
livro ilustrado

ball
bola

doll
boneca

play
brincar

sandpit

caixa de areia

swing

balanço

toys

brinquedos

video game console

videogame

tricycle

triciclo

teddy bear

ursinho de pelúcia

wardrobe

guarda-roupa

clothing

vestuário

socks

meias

stockings

meias pelo joelho

tights

meias-calças

scarf
cachecol

umbrella
guarda-chuva

t-shirt
camiseta

belt
cinto

boots
botas

slippers
chinelos

sneakers
tênis

sandals
....
sandálias

shoes
....
sapatos

rubber boots
....
botas de borracha

underwear
....
roupa de baixo

bra
....
sutiã

undershirt
....
camiseta de baixo

clothing - vestuário

45

body
body

pants
calças

jeans
jeans

skirt
saia

blouse
blusa

shirt
camisa

pullover
pulôver

sweater
suéter com capuz

blazer
blazer

jacket
jaqueta

coat
casaco

raincoat
gabardine

costume
traje

dress
vestido

wedding dress
vestido de casamento

suit

terno

nightgown

camisola

pajamas

pijama

sari

sari

headscarf

lenço de cabeça

turban

turbante

burka

burca

kaftan

cafetã

abaya

abaya

swimsuit

maiô

trunks

sunga

shorts

shorts

tracksuit

roupa de treino

apron

avental

gloves

luvas

button

botão

glasses

óculos

bracelet

pulseira

necklace

colar

ring

anel

earring

brinco

cap

boné

coat hanger

cabide

hat

chapéu

tie

gravata

zip

zíper

helmet

capacete

braces

suspensórios

school uniform

uniforme escolar

uniform

uniforme

bib
babador

pacifier
chupeta

diaper
fralda

office
escritório

server
servidor

filing cabinet
armário de arquivos

printer
impressora

monitor
monitor

paper
papel

mouse
mouse

desk
escrivaninha

folder
pasta

keyboard
teclado

waste-paper basket
cesto de lixo

computer
computador

chair
cadeira

coffee mug
xícara de café

calculator
calculadora

internet
internet

laptop

laptop

letter

carta

message

mensagem

cell phone

celular

network

rede

photocopier

copiadora

software

software

telephone

telefone

plug socket

tomada

fax machine

fax

form

formulário

document

documento

buy

comprar

pay

pagar

trade

negociar

money

dinheiro

dollar

Dólar

euro

Euro

yen

Yen

rouble

rublo

Swiss franc

franco suíço

renminbi yuan

renminbi yuan

rupee

rupia

cash point

caixa eletrônico

currency exchange office

casa de câmbio

gold

ouro

silver

prata

oil

petróleo

energy

energia

price

preço

contract

contrato

tax

imposto

stock

ação

work

trabalhar

employee

empregado

employer

empregador

factory

fábrica

shop

loja

police officer
policial

fireman
bombeiro

cook
cozinheiro

doctor
médico

pilot
piloto

gardener

jardineiro

carpenter

marceneiro

seamstress

costureira

judge

juiz

chemist

químico

actor

ator

bus driver

motorista de ônibus

taxi driver

motorista de táxi

fisherman

pescador

cleaning lady

faxineira

roofer

telhador

waiter

garçom

hunter

caçador

painter

pintor

baker

padeiro

electrician

eletricista

builder

construtor

engineer

engenheiro

butcher

açougueiro

plumber

encanador

postman

carteiro

soldier

soldado

architect

arquiteto

cashier

caixa

florist

florista

hairdresser

cabelereiro

conductor

condutor

mechanic

mecânico

captain

capitão

dentist

dentista

scientist

cientista

rabbi

rabino

imam

imam

monk

monge

pastor

pastor

hammer
martelo

pliers
alicate

screwdriver
chave de fenda

wrench
chave inglesa

torch
lanterna

excavator
escavadora

toolbox
caixa de ferramentas

ladder
escada de mão

saw
serra

nails
pregos

drill
furadeira

repair

consertar

shovel

pá

Damn!

Droga!

dustpan

pá de lixo

paint can

pote de tinta

screws

parafusos

musical instruments

instrumentos musicais

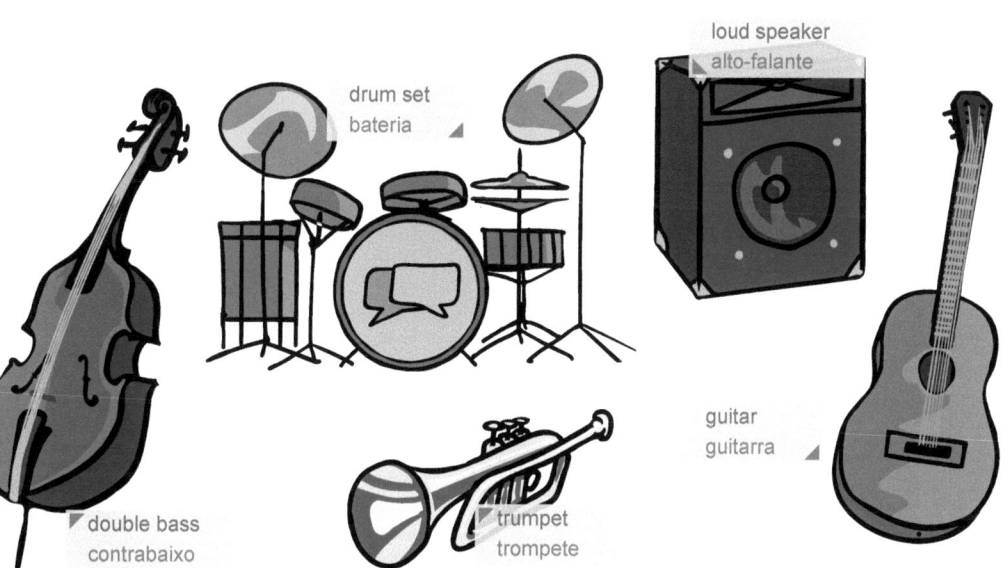

drum set
bateria

loud speaker
alto-falante

guitar
guitarra

double bass
contrabaixo

trumpet
trompete

piano

piano

violin

violino

bass

baixo

timpani

timbales

drums

tambor

keyboard

teclado

saxophone

saxofone

flute

flauta

microphone

microfone

entrance
entrada

tiger
tigre

cage
gaiola

zebra
zebra

animal feed
ração animal

panda
panda

animals

animais

elephant

elefante

kangaroo

canguru

rhino

rinoceronte

gorilla

gorila

bear

urso

camel

camelo

ostrich

avestruz

lion

leão

monkey

macaco

flamingo

flamingo

parrot

papagaio

polar bear

urso polar

penguin

pinguim

shark

tubarão

peacock

pavão

snake

cobra

crocodile

crocodilo

zookeeper

guarda do zoológico

seal

foca

jaguar

jaguar

zoo - zoológico

pony

pônei

leopard

leopardo

hippo

hipopótamo

giraffe

girafa

eagle

águia

boar

javali

fish

peixe

turtle

tartaruga

walrus

morsa

fox

raposa

gazelle

gazela

American football
futebol americano

cycling
ciclismo

tennis
tênis

basketball
basquete

swimming
natação

ice hockey
hóquei no gelo

boxing
boxe

soccer
futebol

badminton
badminton

athletics
atletismo

handball
handebol

skiing
esqui

polo
polo

jump
pular

laugh
rir

hug
abraçar

walk
andar

sing
cantar

dream
sonhar

pray
rezar

kiss
beijar

write

escrever

draw

desenhar

show

mostrar

push

empurrar

give

dar

take

tomar

have
ter

do
fazer

be
ser

stand
ficar de pé

run
correr

pull
puxar

throw
jogar

fall
cair

lie
deitar

wait
esperar

carry
carregar

sit
sentar

get dressed
vestir

sleep
dormir

wake up
despertar

look at

olhar para

cry

chorar

stroke

acariciar

comb

pentear

talk

falar

understand

entender

ask

perguntar

listen

ouvir

drink

beber

eat

comer

tidy up

arrumar

love

amar

cook

cozinhar

drive

dirigir

fly

voar

sail

velejar

calculate

calcular

read

ler

learn

aprender

work

trabalhar

marry

casar

sew

costurar

brush teeth

escovar os dentes

kill

matar

smoke

fumar

send

enviar

grandmother
avó

grandfather
avô

father
pai

mother
mãe

baby
bebê

daughter
filha

son
filho

guest
convidado

aunt
tia

uncle
tio

brother
irmão

sister
irmã

forehead
testa

eye
olho

shoulder
ombro

finger
dedo

face
rosto

chin
queixo

hand
mão

breast
peito

leg
perna

arm
braço

baby

bebê

man

homem

woman

mulher

girl

menina

boy

menino

head

cabeça

back

costas

belly

barriga

navel

umbigo

toe

dedo do pé

heel

calcanhar

bone

osso

hip

anca

knee

joelho

elbow

cotovelo

nose

nariz

buttocks

nádegas

skin

pele

cheek

bochecha

ear

orelha

lip

lábio

body - corpo

mouth

boca

tooth

dente

tongue

língua

brain

cérebro

heart

coração

muscle

músculo

lung

pulmão

liver

fígado

stomach

estômago

kidneys

rins

sex

relações sexuais

condom

preservativo

ovum

óvulo

semen

esperma

pregnancy

gravidez

menstruation

menstruação

vagina

vagina

penis

pênis

eyebrow

sobrancelha

hair

cabelo

neck

pescoço

hospital
hospital

ambulance
ambulância

wheelchair
cadeira de rodas

fracture
fratura

doctor

médico

emergency room

pronto-socorro

nurse

enfermeira

emergency

emergência

unconscious

inconsciente

pain

dor

injury

ferimento

bleeding

hemorragia

heart attack

ataque cardíaco

stroke

acidente vacular cerebral

allergy

alergia

cough

tosse

fever

febre

flu

gripe

diarrhea

diarreia

headache

dor de cabeça

cancer

câncer

diabetes

diabetes

surgeon

cirurgião

scalpel

bisturi

operation

operação

CT

CT

x-ray

raio x

ultrasound

ultrassom

face mask

máscara

disease

doença

waiting room

sala de espera

crutch

muleta

plaster

bandeide

bandage

ligadura

injection

injeção

stethoscope

estetoscópio

stretcher

maca

clinical thermometer

termômetro

birth

nascimento

overweight

excesso de peso

hearing aid
aparelho auditivo

disinfectant
desinfetante

infection
infecção

virus
vírus

HIV / AIDS
HIV / AIDS

medicine
medicamento

vaccination
vacinação

tablets
comprimidos

pill
pílula

emergency call
chamada de emergência

blood pressure monitor
dispositivo de medição de
pressão arterial

ill / healthy
doente / saudável

Help!

Socorro!

alarm

alarme

assault

assalto

attack

ataque

danger

perigo

emergency exit

saída de emergência

Fire!

Fogo!

fire extinguisher

extintor de incêndios

accident

acidente

first-aid kit

maleta de primeiros
socorros

SOS

SOS

police

polícia

Europe

Europa

North America

América do Norte

South America

América do Sul

Africa

África

Asia

Ásia

Australia

Austrália

Atlantic

Atlântico

Pacific

Pacífico

Indian Ocean

Oceano Índico

Antarctic Ocean

Oceano Antártico

Arctic Ocean

Oceano Ártico

North pole

Polo Norte

South pole

Polo Sul

Antarctica

Antártica

earth

Terra

land

terra

sea

mar

island

ilha

nation

nação

state

estado

clock face

mostrador do relógio

hour hand

ponteiro das horas

minute hand

ponteiro dos minutos

second hand

ponteiro dos segundos

What time is it?

Que horas são?

day

dia

time

tempo

now

agora

digital watch

relógio digital

minute

minuto

hour

hora

week

semana

Monday
segunda-feira

Tuesday
terça-feira

Wednesday
quarta-feira

Thursday
quinta-feira

Friday
sexta-feira

Saturday
sábado

Sunday
domingo

yesterday

ontem

today

hoje

tomorrow

amanhã

morning

manhã

noon

meio-dia

evening

entardecer

MO	TU	WE	TH	FR	SA	SU
1	2	3	4	5	6	7
8	9	10	11	12	13	14
15	16	17	18	19	20	21
22	23	24	25	26	27	28
29	30	31	1	2	3	4

workdays

dias úteis

MO	TU	WE	TH	FR	SA	SU
1	2	3	4	5	6	7
8	9	10	11	12	13	14
15	16	17	18	19	20	21
22	23	24	25	26	27	28
29	30	31	1	2	3	4

weekend

fim de semana

rain
chuva

snow
neve

wind
vento

spring
primavera

fall
outono

summer
verão

winter
inverno

weather forecast

previsão do tempo

thermometer

termômetro

sunshine

raio de sol

cloud

nuvem

fog

neblina / nevoeiro

humidity

umidade do ar

lightning

relâmpago

thunder

trovão

storm

tempestade

hail

granizo

monsoon

monção

flood

inundação

ice

gelo

January

janeiro

February

fevereiro

March

março

April

abril

May

maio

June

junho

July

julho

August

agosto

year - ano

September
....
setembro

October
....
outubro

November
....
novembro

December
....
dezembro

shapes
formas

circle
....
círculo

square
....
quadrado

rectangle
....
retângulo

triangle
....
triângulo

sphere
....
esfera

cube
....
cubo

cores

white
....
branco

yellow
....
amarelo

orange
....
laranja

pink
....
rosa

red
....
vermelho

purple
....
lilás

blue
....
azul

green
....
verde

brown
....
marrom

gray
....
cinza

black
....
preto

a lot / a little

muito / pouco

angry / calm

furioso / tranquilo

beautiful / ugly

lindo / feio

beginning / end

começo / fim

big / small

grande / pequeno

bright / dark

claro / escuro

brother / sister

irmão / irmã

clean / dirty

limpo / sujo

complete / incomplete

completo / incompleto

day / night

dia / noite

dead / alive

morto / vivo

wide / narrow

largo / estreito

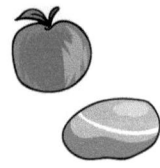

edible / inedible

comestível / não comestível

evil / kind

mau / gentil

excited / bored

entusiasmado / entediado

fat / thin

gordo / magro

first / last

primeiro / último

friend / enemy

amigo / inimigo

full / empty

cheio / vazio

hard / soft

duro / macio

heavy / light

pesado / leve

hunger / thirst

fome / sede

ill / healthy

doente / saudável

illegal / legal

ilegal / legal

intelligent / stupid

inteligente / idiota

left / right

esquerda / direita

near / far

perto / longe

new / used
novo / usado

nothing / something
nada / alguma coisa

old / young
velho / jovem

on / off
ligado / desligado

open / closed
aberto / fechado

quiet / loud
baixo / alto

rich / poor
rico / pobre

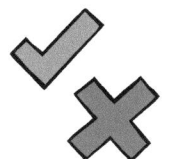

right / wrong
certo / errado

rough / smooth
áspero / liso

sad / happy
triste / feliz

short / long
curto / longo

slow / fast
lento / rápido

wet / dry
molhado / seco

warm / cool
ameno / fresco

war / peace
guerra / paz

0

zero

zero

1

one

um

2

two

dois

3

three

três

4

four

quatro

5

five

cinco

6

six

seis

7

seven

sete

8

eight

oito

9

nine

nove

10

ten

dez

11

eleven

onze

12

twelve

doze

13

thirteen

treze

14

fourteen

quatorze

15

fifteen

quinze

16

sixteen

dezesseis

17

seventeen

dezessete

18

eighteen

dezoito

19

nineteen

dezenove

20

twenty

vinte

100

hundred

cem

1.000

thousand

mil

1.000.000

million

milhão

languages
idiomas

English

inglês

American English

inglês americano

Chinese Mandarin

chinês mandarim

Hindi

hindi

Spanish

espanhol

French

francês

Arabic

árabe

Russian

russo

Portuguese

português

Bengali

bengalês

German

alemão

Japanese

japonês

I
eu

you
você

he / she / it
ele / ela

we
nós

you
vocês

they
eles / elas

who?
quem?

what?
O quê?

how?
como?

where?
onde?

when?
Quando?

name
nome

behind

atrás

in

em

in front of

na frente de

over

sobre

on

em cima

under

debaixo

beside

do lado

between

entre

place

lugar